-7到+11
追著時差的
任意旅行 II

AFRICA, ASIA & AUSTRALIA

周鈺淇　ANGEL CHOU ——— 著

PREFACE

如果為了寫文章而開始旅行，就少了意外的驚喜。
如果為了紀錄而拍下照片，就錯失了瞬間的感動。
旅程的開始本是一場意外，產出的體會無所不在，
　用相機把心裡的感受截成圖片，瞬間即是永恆。
邊想邊走邊拍，跟我進入用心拼湊的旅行地圖裡。

高中畢業那年，因為深知家人的辛苦，想為他們分擔家計，所以放
棄考取的中正大學，進入了警察專科學校，成為警察，但我從沒放
棄自己的夢想……因為喜歡唱歌，所以就去參加比賽；因為喜歡旅

遊，所以選擇放棄鐵飯碗投身於翱翔天空的工作；然後因為喜歡拍照，所以開始紀錄到世界各地的點點滴滴。

從小認為「環遊世界」是遙不可及的夢想，但現在居然實實在在地踏在每一塊世界版圖的土地上，對照原生的生長背景及工作經驗，或許我的感動及反饋是排山倒海的，有時候或許是乘客的故事，或迷路時當地人的幫助，都成為我的靈感來源。

我希望我的文字，能帶給人一種感動及激勵，我的照片更能帶領讀者神遊世界，因此本書集結了五年到世界各地停留的極短篇。

或許你不該期待從這裡得知當地的交通資訊或旅遊指南，而是在每個所到之處的感情連結；存在作者的內心投射、有關歷史事件面對面的訪問，甚至是身為第三者最客觀的分析。希望讀者能夠藉著我的文字及照片，用許多不同的視角看待每一趟旅行。

每踏的一步，都是人生學習的印記，能獲得浩瀚世界裡的一些反思，才不枉那段曾經走過的路。

關於小筆記，多半是與當地人訪問後的紀錄，針對特別值得與讀者分享的片段進行撰寫。

最後也最重要的是 Enjoy reading it.

Angel

CONTENTS

CHATPER.3

AUSTRALIA

INTERLUDE

FAMILY VACATION

CHATPER.1

AFRICA

3°23′E

UTC+1

LOS Lagos 拉哥斯

位於南邊的拉哥斯臨幾內亞海灣，曾是奈及利亞的首都，也是
現今的商業重鎮。對我來說，這是一個從來沒有想過會到的地
方，這裡見不到有名的觀光景點，不是一個又一個的貧民窟就
是各種有錢人的俱樂部，雖然機場沒有系統化的海關管理跟免
稅店，但 95% 的乘客都是跑單幫的生意人，這裡有無限商機。

因緣際會認識在這裡做生意的台灣人，更讓我驚訝的是，第一

Lagos
拉哥斯

批到拉哥斯開拓事業的距今已有 39 年。每一次的到訪，都被
許多當地人及飯店人員勸阻勿外出，因為貧富的巨大差距，使
得一般老百姓生活困苦，不得不用各種方法取得物資或錢財，
攔路打劫再稀鬆平常不過，帶著利刃或槍枝，在重要的路口攔
截車隻，暗夜裡打破車窗，弄得滿身是血只為弄到一雙鞋或一
只手錶，就連警察也在檢查哨藉權責多拿點外快，或許是無知
及天真給我的勇氣，就這麼一個人搭著車出外找朋友。

維多利亞港，是相對比較安全的地區，以前的使館區是現在的商業聚集地，而距離不到 5 分鐘車程的 Ikoyi 是富人的聚集地，我被帶進會員制的摩托船俱樂部，坐在海邊酒吧吹著難得清爽的風，很難想像路人到處叫賣的情形跟到處是動輒百萬娛樂船的海灣並存在同個城市，彷彿太極那一條清楚的線把陰與陽隔開來。

在太陽尚未下山前的海港，昏黃地閃耀在海面上，依然毫無保留地灑在整座城市的各處角落，有一點困惑加上迷惘，分不清這樣的美是現實或是貧窮的掙扎。在黑暗籠罩之前我們必須回到安全的處所，短暫的出走並沒有讓我認識太多的拉哥斯，倒是飯飽茶餘的閒聊，讓我更了解當地生活的美麗與哀愁，也真心敬佩能遠走他鄉辛苦工作的這群台灣人，希望奈及利亞的人民及異鄉的遊子都能過得越來越好，感謝這樣美好的際遇，讓人再度開闊了視角。

拉哥斯為撒哈拉沙漠以南最大的非洲城市，鄰近大西洋及潟湖，
1997 年發現海洋蘊藏的豐富石油及天然氣資源後，更使奈及利亞
躍身成為全非洲 GDP 最高的國家，港口拉哥斯所進行的石油出口
貿易，為國家帶來了九成的外國貨幣收入。

然而成長快速的城市，為國家帶來豐厚收入的背後，卻不見國民
貧困的問題得到解決，有一億人口仍在貧困線 * 下生活著，更有
八到九成的人沒有教育的機會，在這裡工作靠的是關係跟賄絡。
貪汙是國家腐敗的最大因素，從機場到飯店的街景總讓人鼻酸，
明明擁有這麼多卻怎麼樣都摸不著也看不見。

政府型態為民主制，與美國及台灣相
同，每四年進行一次總統大選，任期最
長為四年；在貧困比例極高的國家是
無法建立有效的民主的，或許只要用
一點金錢就能輕易地換取一張選票，
在眾多奈及利亞人的內心，下一餐的
著落比起國家領導人來的更重要。

每每知道得越多，就越感到痛心，所有資料都顯示政府有足夠
的能力來改變這樣的環境，卻始終不見其作為，同時也提醒著
自己反思能身在台灣是多麼幸福，但越來越好的未來期許是全
世界的希望。

＊是為滿足生活標準而需的最低收入水平。一如貧窮的認定，在
已發展國家裡貧窮門檻的認定標準明顯比第三世界高。

29°55′E

UTC+2
HBE

Alexandria

亞歷山大港

Alexandria
亞歷山大港

| UTC +10 | UTC +11 | UTC +12\-12 | UTC -11 | UTC -10 | UTC -9 | UTC -8 | UTC -7 | UTC -6 | UTC -5 |

如果不是因為工作，我可能永遠都
不知道除了金字塔以外的埃及。

擁擠的街道似乎稀鬆平常，那天路
的右邊是一艘艘帆船停在平靜的海
上，左邊則全是沙漠色系的建築
物，車裡完全沒有感受到所謂的危
險，匆匆穿梭的路邊叫賣，充滿了
生命力；車一停，我們像旅行團般
無頭緒地爬出車外，這個碩大又極
具特色的建築物，是亞歷山大港圖
書館。

　　兩千年前，曾是全世界最大的圖書館，而古希臘重要的藏書也
置身於尼羅河口的亞歷山大港，親身走進這座知識的殿堂，迎
面而來震懾人的是作學問的嚴肅與莊重，藏書廣且深，含多種
領域及語言，埃及人甚至視它為了解世界的窗口，而我猶如身
處古今文明的交匯點，感受被書香包圍的歷史錯覺。

UTC +10	UTC +11	UTC +12\−12	UTC −11	UTC −10	UTC −9	UTC −8	UTC −7	UTC −6	UTC −5

遠處飄來一陣陣鹹水味，肚子正覦覦著多汁及新鮮的漁獲，當
麵包從烤窯被鏟出，空氣中瀰漫著簡單而原始的香氣，五顏六
色的醬料是最傳統阿拉伯式鋪陳的美食饗宴，不論過了多久，
這些畫面總能讓我想到就口水直流。

在卡特巴城堡走動，歷史的洪流跟剛進肚的食物一同攪動，多出來更多力氣讚嘆這負載了前世界七大奇蹟亞歷山大港燈塔的重要使命，不僅繼續保護著埃及人們，更熠熠生光。

是不是有些地方注定會特別閃耀，在任何時代都有不容被忽視的重要性，由於多元面向的貢獻導致動亂不斷，你爭我奪的戲碼不曾停歇，貧窮的經濟條件跟千年前的榮景相比，真讓人不勝唏噓。如果我每踏一步就增添內心的憂傷，那在這塊土地的人們是怎樣看待這些變遷的？是喜亦是悲，複雜且難解的情緒如我，誠心祈禱國家能夠平安富足。

🌓	🌓	⚪	🌓	🌓	🌒	🌒	🌑	🌗	🌓	
UTC −2	UTC −1	UTC +0	UTC +1	UTC +2	UTC +3	UTC +4	UTC +5	UTC +6	UTC +7	U +

| UTC +10 | UTC +11 | UTC +12\-12 | UTC -11 | UTC -10 | UTC -9 | UTC -8 | UTC -7 | UTC -6 | UTC -5 |

亞歷山大港是埃及第二大城，卻是最重要的商業中心，由於蘇伊
士運河的天然氣及石油，使得港口的進出口量占全國的 80%。而
一直到伊斯蘭教統治埃及前，亞歷山大港在古希臘文明時期位居
首都的位置將近千年之久，所以城市內有不少的世界級遺產值得
參觀及深究。

雖然埃及幾乎九成都是伊斯蘭教徒，亞歷山大港卻是繼羅馬及君
士坦丁堡被認為是基督教世界中第三最重要城市，現在亞歷山大
港仍有較大規模的基督教、希臘正教、東正教及羅馬教派等族群。
由於歷史背景的影響，埃及人的婚姻必須由所屬宗教的認證後方

可被國家許可，若為伊斯蘭教徒就必須進行穆斯林式的婚禮並取得清真寺主祭見證下的結婚書約，再到政府申請已婚的身分，其他宗教亦為如此；由此可知宗教對埃及人來說，還有建立家庭共識的功能。

動盪的世界造就了始終不平靜的亞歷山大港，烽火連天是當地人的日常，而看似簡單卻遙遠的夢想是「和平」。

30°04′E

UTC+2
KGL

Rwanda
盧安達

UTC +10	UTC +11	UTC +12\-12	UTC -11	UTC -10	UTC -9	UTC -8	UTC -7	UTC -6	UTC -5

關於這個國家，有著距離現在好近的悲劇，而映入眼簾的美
景，卻讓人覺得過去的傷痛好遠。

UTC −2	UTC −1	UTC +0	UTC +1	UTC +2	UTC +3	UTC +4	UTC +5	UTC +6	UTC +7

盧安達過去相繼被德國及比利時殖民,而這裡起起伏伏又片片
翠綠的美景,被歐洲人譽為非洲的小瑞士;而當到達首都吉佳
利時,我幾乎不相信這裡是非洲,一股有別於其他國家的清新
空氣,整潔的街道,及現代化的建築物林立,沒有混亂的場面,
只有守秩序的人群。不需要懷疑這裡是否安全,因為這是一種
印象,踏上土地的第一秒,已經預告了這趟旅行的特別。

走進狹窄昏暗的 Kimironko 市場，猶如當地人的大賣場，有編頭髮的，縫補衣服的，賣鞋賣衣服，打鐵打鑰匙，各式生鮮蔬果，當然也少不了賣紀念品的，盧安達人出乎意料地害羞，看到我的大鏡頭總是閃遠遠的，跟其他非洲地區的熱情反應大不相同，然而當地人的謙和有禮卻深深地印在我的腦海裡，這樣低調且恰如其分是很讓人喜愛的。

路上怎麼走，都只見整潔有規劃的街道，地上一點垃圾也沒有，而當地人說每個月輪流至少一天打掃街區，這是國民應盡的義務。但怎麼樣也想不到的是，這裡在 1994 年時幾乎曾被種族大屠殺的事件摧毀，千萬個家庭流離失所，種族間的內鬥與不信任，在距今短短不到 25 年的時間裡，從我不忍想像的慘狀到現在眼前的一片祥和，相信這一切的轉變是多少人放下犧牲者的仇恨，又是多少人為自己的錯殺懊悔，政府又是付出了多少心力把盧安達人再度團結起來的呢？

　　《盧安達飯店》這部電影就簡略地描述了當時種族大屠殺的狀況，而真實的細節則是從進入首都設立種族屠殺紀念館開始，展覽前的 10 分鐘影片簡短卻深刻地講述這個紀念館對這場大災難倖存者的意義，歷歷在目的殘暴，還沒癒合的傷痛，對於倖存者來說，紀念館是他們的家，因為所有逝去的親人都在這裡，館內的開放墳墓就是身首異處的屍骨們的安身之處；關於 Hutu 人對 Tutsi 人的怨恨，導火線或許是從比利時在此殖民時選擇 Tutsi 作為管理者開始，而被管理的 Hutu 族人長期積累的不滿一觸即發，獨立後 Hutu 政權不斷地灌輸 Hutu 民眾 Tutsi 人需要被殲滅的想法，甚至還頒布了不准跟 Tutsi 有任何干係的十大戒律，要求族人必須把這樣的訊息散布到國內各地。

那天幫我們介紹的 Bonher 先生，他也是這場屠殺的倖存者，
當時他才六歲，就被迫到處逃亡，乞求願意收留並藏匿他們的
Hutu 人家，後來他是在孤兒院長大的，在他開朗的笑容背後，
居然有著任何人都不願意經歷的過去。我問：「那你們現在如
何區分 Tusti 或 Hutu ？」Bonher 先生說：「改革後的總統極度
想把盧安達所有族群融合，所以在身分證上不再註記族別，詢
問種族的言論也是禁忌話題。」這場浩劫，儼然是所有盧安達
人的最深的傷痛，但雙方願意在一個全新的狀態下和平相處，
這是一股力量，帶領著國家一同前進。

| UTC +10 | UTC +11 | UTC +12\-12 | UTC -11 | UTC -10 | UTC -9 | UTC -8 | UTC -7 | UTC -6 | UTC -5 |

Rwanda
盧安達

那些尚未長大的孩子們，還有許許多多的屍骨，每一張留存
下來的照片，都是他們曾經存在的證明，像是館內盛開的玫
瑰，他們是英雄，給盧安達重生的機會，而他們的名字將永
遠被記得；活下來的人是鬥士，將帶著他們的一切，延續更
美好的生命。

| UTC +10 | UTC +11 | UTC +12\-12 | UTC -11 | UTC -10 | UTC -9 | UTC -8 | UTC -7 | UTC -6 | UTC -5 |

UTC
−3

UTC
−2

UTC
−1

UTC
+0

UTC
+1

UTC
+2

UTC
+3

UTC
+4

UTC
+5

UTC
+6

UTC
+7

The Hutu Ten Commandments

(published in Kangura in 1990)

1. All Hutus must know that the Tutsi woman, wherever she may be, is serving the Tutsi ethnic group. In consequence, any Hutu who does the following is a traitor:

   - Acquires a Tutsi wife

   - Acquires a Tutsi mistress

   - Acquires a Tutsi secretary or dependent

2. All Hutus must know that our Hutu daughters are more worthy and more conscientious in their role of woman, spouse and mother. Are they not more beautiful, good secretaries and more sincere!

3. Hutu women, be vigilant and bid your husbands, brothers and sons to come to their senses.

4. All Hutus must know that the Tutsi is dishonest in business. His only goal is ethnic superiority.

Angel's Note

直接碰觸到近在咫尺的歷史事件，是一件非常珍貴的經驗，而在互相尊重且和平相處的環境長大是幸福的，我們沒有親眼看見家人被奪走生命的一幕，但我們其中的很多人卻不珍惜家人在身邊每一寸時光。

吉佳利種族屠殺紀念館，不只是紀念，更是一
種提醒與學習，每天都有來自各地的人們參
訪，對這件近代歷史案件研究與協助，我只
是其中一個被倖存者 Bonher 感染正面力量的
人，而帶著這樣的因子旅行，也感染正在閱
讀的你。

28°03′E

UTC+2
JNB

Johannesburg
約翰尼斯堡

| UTC +10 | UTC +11 | UTC +12\-12 | UTC -11 | UTC -10 | UTC -9 | UTC -8 | UTC -7 | UTC -6 | UTC -5 |

茫茫蒼穹下，萬物平等，就算是人類也必須俯首稱臣，天的遼闊總是那樣的遙不可及，在一覽無遺的草原裡各據一方和平地相處著。

自然運行的消長平衡是最美妙的協奏曲，騎在馬背上，跟長頸鹿一同走著，靜靜地看他們覓食，羚羊群們遷徙之壯觀，鴕鳥繁殖季節的戒慎恐懼，好似這個世界各處，每個種族跟國家都有各自的奮鬥，而當下自己好似旁觀又彷彿身在其中。

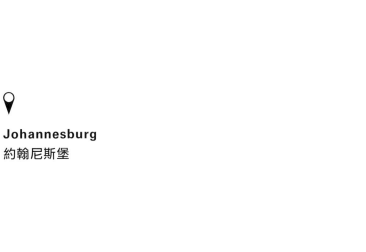

Johannesburg
約翰尼斯堡

	UTC +10	UTC +11	UTC +12\-12	UTC -11	UTC -10	UTC -9	UTC -8	UTC -7	UTC -6	UTC -5

人類靈附心性，有思想、懂學習，而與生俱來的七情六慾更是上天對人類的恩寵，因此認為人類能改變世界，或許這樣的自恃，與飛禽鳥獸劃清界線，可歷史折騰了好幾世代，頭腦簡單的我卻認為在原野生活的物種們文明多了，文明不是用生食熟食、刀叉筷子或手的用餐習慣作為定義，他們雖活在需求金字塔的底端，為了生存而捕獵，但從來就不會無端地用種族、信仰及性別來發動攻擊，難道這不是人類躲在名叫「文明」的保護色裡，進行更無情的分化與殺戮？無論古今中外，從來不曾停止上山下海、使其物種滅亡也要取得長生不老的法寶，若人真為萬物之首，又何苦趕盡殺絕？

| | UTC +10 | UTC +11 | UTC +12\−12 | UTC −11 | UTC −10 | UTC −9 | UTC −8 | UTC −7 | UTC −6 | UTC −5 |

原本以為，被賜予的靈性用於美好這世界，可一旦被名利蒙上了灰，只是淪為計算的工具，你爭我奪這本來該被萬物分享的一切，到處占地為王，用戰爭征服弱者，試圖創造自以為是的平衡，此般殘忍儼然是枉費了上天的恩惠，這片乾草上的祥和對比人性的險惡及一心為己的自私，實為慚愧。

一趟約翰尼斯堡郊外的野生探險，應為新鮮酷炫或刺激，卻不禁感嘆，人類應該學習動物們在大自然前的謙卑及順應天意的生活方式，反思之聲迴盪在雲霄，帶上尊重於心，如此而已。

約翰尼斯堡是南非最大、商業最活絡的城市，就像世界上其他大城市一樣，大家相信所有機會應該都在這裡，然而約堡富的人多，窮的人更多，貧富巨大的差距、高失業率、政府的貪腐甚至是對某族群的邊緣化等，都是造成城市動亂或危險的主因。南非的多樣族群看似彼此共存，但談吐之間總抹不去想與某一族群劃清界線的言論。像我的同班同學，她膚色算是黝黑，又不到在黑暗中會被淹沒的那樣深色，我出於想理解南非各種族群的生活情形，在無冒犯的情況下提出疑問，她堅定地說她會稱自己是 Colored（有色人種），但不是 Black（黑人）。工作時遇到南非的同事，他們同時也有一樣的想法，他們似乎對旁人給的歸類特別在乎，其中的原因都是可以被心領神會的，我們能做的就是給予百分百的尊重。

約翰尼斯堡的近郊提供觀光客許多新奇的體驗，其中以獅子公園最受人歡迎，在園區裡可以觀賞成獅正在享用新鮮的馬肉，更讓人躍躍欲試的是與幼獅合照；不過令人感傷的事實是，這些幼獅都為人工豢養，被用於觀賞及拍照用，因為未具備野生的生存能力，成年後會直接被送到政府立案的合法打獵場被當獵物。其實想到這些心都不忍抽痛，若不是為了錢或為了炫耀，牠們不會碰上這些遭遇，或許在原有的地方以屬於牠們的方式生活著。

南非像是表面平靜卻暗潮洶湧的海洋，擁有豐富的人種物種，卻也常危機四伏。這裡有美味的食物、自然的曠野還有令人著迷的多元文化，若來約翰尼斯堡別忘了把希望跟祝福帶上為禮物，用最單純的方式欣賞這城市的美。

32°35′E

UTC+2
MPM

Maputo
馬布多

　　如果不去大草原看屬於非洲原始的一切，那像個當地人穿梭在
城市裡的生活會是什麼樣貌？

　　穿著傳統服飾，行李頭上頂著一個，肩上背著一個，手上還可
以提著一個，一派輕鬆地到車站買張票，等等就可以進車裡找
個位子坐下來了。

Maputo
馬布多

中世紀歐洲建築風格的火車站，配上非洲的熙來攘往，有種衝突的美感，特別喜歡柴油火車廂內那股刺鼻的味道，讓人想起了小時候望著窗外期待不同景色一幕幕後退替換，跟家人擠在同一條板凳上，分享著零食打著牌直到抵達目的地。曾幾何時，速度變成決定交通工具的演化依據，人們不再耐心等待到站時的美妙感受，而在馬布多的那天，車廂內此起彼落的笑聲，著實滿載著懷念的情緒。

Maputo   65

UTC +10	UTC +11	UTC +12\−12	UTC −11	UTC −10	UTC −9	UTC −8	UTC −7	UTC −6	UTC −5

這裡的人謙虛且誠實，熱情又友善，機車導遊堅持要帶我們到城市每個有意義的角落參觀，就算超過時間也要一一告訴我們他所知道的故事。經過身旁的高校生不吝惜給的那抹微笑，追過來的問候都好暖好暖。雖然被葡萄牙統治多年，但莫三比克人積極保護自己國家的那股精神讓人敬佩，現在與殖民時期的成果共存，並從未失去與生具來的藝術氣息，手作市集的琳瑯滿目前所未見，有人在邊上敲打，這裡在串珠那裡在織竹編，平靜悠閒是創作的來源，羨慕他們有這樣繽紛的日常。

或許是同為殖民國家子民的惺惺相惜，當導遊娓娓説出國家的
政治狀態，不免也回過頭來看看台灣，又愛又恨的矛盾心理總
隱約存在，就一個旁人看莫三比克，首都馬布多比起其他我到
訪過的非洲國家要有秩序及先進許多，而家家有本難念的經卻
不足為外人道，那趟旅程的感動則是看見導遊對社會的關注，
他不是什麼大人物，平時只是出租機車的司機，對於自己的國
家，看似驕傲卻有一絲憂心，帶著來自各地的觀光客了解屬於

UTC +10	UTC +11	UTC +12\−12	UTC −11	UTC −10	UTC −9	UTC −8	UTC −7	UTC −6	UTC −5	U

自己的國家與城市，或許才是這份工作真正的意義！即便出走
他鄉如我，也只不過希望用旅行來觀察這世界，為社會帶來一
點反思及學習的方向。

不過我想，我們都是對未來充滿希望的，無論曾經怎麼艱難，
都不能失去這樣的信念；這樣的精神在莫三比克人的眼裡，提
醒著到訪馬布多的每一個人。

| | UTC
+10 | UTC
+11 | UTC
+12\-12 | UTC
-11 | UTC
-10 | UTC
-9 | UTC
-8 | UTC
-7 | UTC
-6 | UTC
-5 |

UTC −2	UTC −1	UTC +0	UTC +1	UTC +2	UTC +3	UTC +4	UTC +5	UTC +6	UTC +7

馬布多的城市建築多半為葡萄牙殖民時期所留下，井然有序的交通系統及安全的生活環境，讓人無法相信莫三比克是世界上最貧窮的國家之一。2015 年上任的總統 Filipe Nyusi 也誓言要改善這樣的情況，2011 年在其海岸發現的石油資源，或許是使莫三比克轉變的重要機會，經濟也在近年來有著大幅度的進展。

經過 140 年的殖民，Samora Machel 身為當時解放陣線的領導，帶著莫三比克迎向等候已久的獨立，成為了第一任總統，並在國家獨立後三個月娶了 Graca Machel，她成為了莫三比克的第一夫人：Samora 於 1986 年喪命於空難，而 Graca 也於 Samora 卒後 12 年（52 歲），再度嫁給南非總統 Nelson Mandela，使她成為世上第一位分別為兩個不同國家的第一夫人。

獨立後兩年國家馬上又進入內戰狀態，有關於 FRELIMO 與
RENAMO 的政黨之爭，就如同當時共產黨與國民黨的權利遊戲
一般，然而內戰終於在 16 年後開啟和平對談並建立了憲法，現
在莫三比克正走在民主的路上。

39°17′E

UTC+3
DAR

Dar es Salaam
三蘭港

那是種沒有很期待的狀態，就讓隨遇而安的靈魂，將自己降落在坦尚尼亞的三蘭港！非洲對我來說，是停在記憶中地理課的版圖，方位總是背了就忘，大概只有對外表的既定印象，天真地認為他們一定還過著原始的部落生活，然後部落公主及白人侵略者的愛情故事就在我腦海開演起來，在飛機輪胎摩擦碰撞地面的瞬間，抓回來不知道飛到哪去的幻想！

拉著行李箱從機場到飯店，車水馬龍的景象立刻讓我對 Discovery 頻道的記錄開始存疑，覺得媒體有關非洲的介紹過於虛假，質疑的態度正是自己愛上非洲的開始。

　　跟著當地人帶我們到傳統文化村參觀，裡面保留著 126 種不同
民族的部落建築，因為時代的改變，所以在坦尚尼亞人口最多
的城市三蘭港，人們逐漸使用西化的建築取代茅草蓋成的屋
子，但傳統的部落生活在近郊或偏遠的區域仍普遍存在。即便
都市化了，他們與生俱來的熱情奔放是怎麼樣都沒法被帶走
的。熊熊的火焰燒得鼓皮又繃又緊，隨地取材的鐵片成鈸，穿
上屬於他們自己的傳統服裝，唱著跳著，敲敲打打出他們最原
始的魅力，太難不被感染了，躍躍欲試的神經就這樣被挑起，
我把手交給他們的那瞬間，血液快速地流轉，交換的不只是氧
氣，更多的是文化的撞擊，真叫人上癮。

UTC +10	UTC +11	UTC +12\-12	UTC -11	UTC -10	UTC -9	UTC -8	UTC -7	UTC -6	UTC -5	UT

Dar es Salaam
三蘭港

◗	◗	○	◐	◐	◗	◗	◐	◐	◗
UTC −2	UTC −1	UTC +0	UTC +1	UTC +2	UTC +3	UTC +4	UTC +5	UTC +6	UTC +7

| UTC +10 | UTC +11 | UTC +12\-12 | UTC -11 | UTC -10 | UTC -9 | UTC -8 | UTC -7 | UTC -6 | UTC -5 |

海是港口，也是遊樂場；孩子們天真肆無忌憚地跟天地分享
著大自然的恩賜，一踏進 Coco Beach 時，被小女孩拉著衣角並
大聲示愛！愛，其實很簡單，在我們親吻的同時，已跨越了顏
色、種族及言語，感恩海的包容及開闊，讓我們能放下成見去
「愛」，看著藍天跟澄澄夕陽融成美麗的圖畫，發自內心的了
解是最純淨的連結。

Angel's
Note

坦尚尼亞用的是現今世上最傳統的斯瓦希里文，在肯亞的斯瓦希里文則參雜了大量的英文單字及現代用語，而此語言因伊斯蘭文化的影響，有許多字詞與阿拉伯語相同。Dar es Salaam 中文翻譯為三蘭港，此名阿拉伯文意為「和平之地」，19 世紀開始，蘇丹國王把這裡從印度洋貿易路線的沿岸小港變成貿易重鎮，也造就了三蘭港成為坦尚尼亞第一大城的繁榮現況。

不容錯過的美食則是新鮮的海味，最道地的吃法絕對是到港口邊的魚市場，在大船傍晚入港時，一邊挑魚一邊欣賞這迷人的黃昏景色，周邊還有令人眼花撩亂的紀念品店，果然是美景、美食及購物的一站式服務。

39°12′E

UTC+3
ZNZ

Zanzibar

桑給巴爾

一望無際的海，各種不同的藍在陽光的金黃下渲染著，怎樣
都逃不出令人放鬆的美景，盡情享受這個當下，是個不得不
的決定。

從小聚落到香料樹林，再轉個彎就是平坦的放牧區，羊群牛群

| UTC +10 | UTC +11 | UTC +12\-12 | UTC -11 | UTC -10 | UTC -9 | UTC -8 | UTC -7 | UTC -6 | UTC -5 |

左顧右盼的神態自如，坐在車上快速地瀏覽這一切的場景轉
換，還有坐著站著躺著玩耍著的人們，他們眼睛好大好大，看
著這樣不尋常的速度衝撞了緩慢的生活節奏，等不及探索海島
的心，顧不得周遭的一切，一路向海。

Zanzibar
桑給巴爾

一道鹹鹹的空氣芬芳撲鼻，迎接踏上細沙灘的腳步，換上寬鬆
的長洋裝，手持酒杯敬漲潮的滿月，完美地啟動桑給巴爾島的
度假模式，隨著海浪聲搖擺微醺的身體，或跳進溫暖海水的擁
抱，每種感受都是極度奢侈的，帶著輕飄飄的幸福感閉上雙
眼，像嬰兒蜷曲在母親的懷中，安心滿足地睡著。

UTC +10	UTC +11	UTC +12\−12	UTC −11	UTC −10	UTC −9	UTC −8	UTC −7	UTC −6	UTC −5

◐	◐	○	◔	◑	◕	◑	◑	◑	◑
UTC −2	UTC −1	UTC +0	UTC +1	UTC +2	UTC +3	UTC +4	UTC +5	UTC +6	UTC +7

星月帶著潮水褪去，陽光給大地換氣，看同一片海在日夜中交
替不同樣貌，到處都是螃蟹們捉迷藏的遊戲場，海鳥邊走邊飛
地挑揀食材，魚群這裡那裡地激起一陣陣浪花，還有浮在海面
扭動的白帶魚。因為早晨的靜謐，敏銳了全身上下的感官，無
論你是否仔細注意過那些存在，生命都此起彼落地消長著。一
步步往淺淺的海裡走，像置身於天然的水族館，隨處都是新奇
的海洋生物，拿起相機不停地跟鮮豔的海星或海參自拍，藉此
紀念這特殊的經歷，是最引人入勝的舉動，而一回眸，卻發現
只有我們開心地玩耍，當地人則是辛勞地為了三餐努力著，烈

UTC +10	UTC +11	UTC +12\−12	UTC −11	UTC −10	UTC −9	UTC −8	UTC −7	UTC −6	UTC −5

日蒸發不了我的多愁善感，突然的感傷來自於他們為生活奮鬥的那份樂觀，不斷哼著 Hakuna Matata（斯瓦希里文意：別擔心，要快樂）的歌謠來鼓舞自己，日子再苦也要過下去，那刻我的開心顯得好諷刺。

心的無所適從，被這片大海所包容，旅行從來都不是只為了看見美好的事物，是了解各式各樣的生活樣貌，學習島民的勇敢堅毅，相信一切都會更好的。

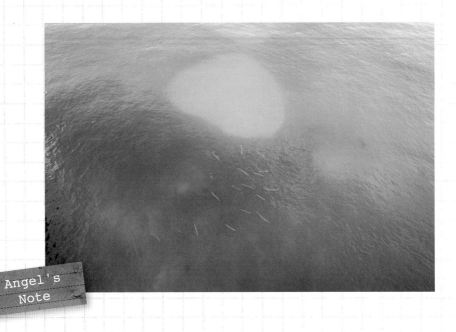

「桑給巴爾」之名源自於波斯人進行貿易時取的名字，阿拉伯文 ZAN 代表黑色，而 ZIBAR 是海岸的意思，所以這個海島城市亦有「黑人海岸」之意。

除了四周環繞的海灘外，19 世紀大量被用來當作東非的進出貿易樞紐，在原有的斯瓦希里文化上堆疊了阿拉伯、波斯、印度及歐洲等多元文化，在桑給巴爾的東部「石頭城」，2000 年時列入了世界遺產名單之中，而城裡的建築物大多都是珊瑚礁石跟溫暖的色彩所構成，這也是石頭城的由來。

豐富的生態同時也是另一項島上的樣貌及經濟來源，多種的香料植栽，曾為世界上最大的丁香生產地而與印尼的摩鹿加群島齊名，有香料群島的美名，甚至還提供特別的香料導覽服務。昌古島是在主島西北方的一座小島，1860 年代曾被阿拉伯奴隸販子用來囚禁反抗的奴隸，1893 英國買下小島打算興建監獄，因此隔年完工後被稱為「監獄島」，可是卻從來沒有真正使用過，之後因黃熱病流行，便把此處改為隔離病患的檢疫所。現今的昌古島已經變成另一個度假勝地，原本的隔離檢疫所也已成了私人旅館，島上的亞達伯拉象龜，是世界極力保護的易危物種生物。

有機會到訪桑給巴爾島，不要只待在沙灘邊，去了解多元的歷史背景跟欣賞生態景觀，或許你有更多我沒有的收穫。

57°30′E

UTC+4

MRU Maurice
模里西斯

這可能是我人生中最長的美好假期，至少到目前為止……。

跟心愛的人在床上醒來，熱情直射的陽光讓眼皮不得不張開
迎接一天的開始，然後牽著手隨意在路上攤販吃著道地的早
餐，你總是不忘把第一口送到我嘴邊，被這樣寵愛著是很幸
福的，開著車聽著當地收音機，聽不懂卻覺得更靠近你了，
一起跟著旋律哼著，那一個下午，我們決定在大灣的小海邊
坐著，靜靜地看著海浪慢慢的，看當地人把海邊當成後院，
是很自然的融合。

曾經聽過一句話：「Learn to do nothing!」我大概從來沒有想過
有一天能真的體會個中涵義，沒有憂慮沒有不安更沒有目的，
只有空空的腦袋，拋下所有思緒打開身體的感官，聽海的律
動、見天色變換、嗅片片葉上風的足跡，這些事情是需要學習
的。第一次不想拿手機出來打卡，一種享受當下的純粹，不用
昭告天下，甘願隱身在這座小島。

Maurice
模里西斯

模島的都市樣貌依然離不開海，首都是貿易來往密集的路易
港，行人的步伐快了一些，多了汽機車的引擎聲，還有市場生
意人的叫賣聲，人在這樣的狀態下就變成了主角，無論是專注
認真還是怡然自得，都是最值得記錄的風景。有著多元文化的
人口結構，我在這城市找到令人熟悉的小角落，3% 的華裔在
島裡生活，而寫滿中文的小街道，十足地展現保存中華文化的
溫馨。

| UTC +10 | UTC +11 | UTC +12\−12 | UTC −11 | UTC −10 | UTC −9 | UTC −8 | UTC −7 | UTC −6 | UTC −5 | |

UTC +10	UTC +11	UTC +12\−12	UTC −11	UTC −10	UTC −9	UTC −8	UTC −7	UTC −6	UTC −5

帶我去你小時候遊玩的地方，排隊等著兒時最喜歡的冰淇淋車，聽你說著在不同時空的故事，所有畫面像融化在嘴裡的冰淇淋般甜蜜。最浪漫的禮物是送給我的整片星辰，美到我無法呼吸，在完全漆黑的路邊捕捉那一點光亮的痕跡。還有不管天氣多熱都牽著我的手到處去的用心，以為自己在那刻已經完全進入你的世界。

七彩的土壤是模國特有的景觀，由不同時間沈積的礦物成分所形成具有豐富色彩的山丘狀土地；然而每一段愛情故事都有酸甜苦辣，如七彩土壤般曲折卻美麗，或許某段故事終了，被時流沖刷、填充更顯珍貴，而新的開始總需要等待跟機緣，認真愛過，也曾經無比靠近幸福，沈澱所有紛亂的過去，接受各抹人生色調，學會了愛自己的原色，這旅程，永遠都刻骨銘心。

模里西斯，一個在馬達加斯加東邊、極小的印度洋海島國家，總
面積只有 2,040 平方公里，比宜蘭縣（2,143km²）還要小，然而
族群的種類可不少，最大宗的印度裔占了總人口的 68%，接著是
非洲裔占了四分之一，剩下為客家中華後裔，少數法國殖民期奴
隸擁有者及英國殖民者後代。

國家相繼被法國及英國殖民，最後在 1968 年獨立。在法國殖民
時期，就被譽為印度洋中的「星星與鑰匙」，可見模國在海洋中
處於一個極為重要的位置，許多台灣的遠洋漁隊，都到過此地補
魚，而當地的中華後裔們有也有許多人對台灣並不陌生。

境內有許多各族群自用的語系，因為歷史背景的影響下，英語及法語被認為是國家的官方語言，而當地人最常用於溝通的克里歐語，就是混合英語、法語及當地文化的混合語言，所有的模國人至少都會三種以上的語言，這也使模里西斯人在國際工作上占了極大的優勢。

已經絕種的 Dodo 鳥是模國的特有種，因此在模國的國徽上總是能看見 Dodo 鳥的圖像，最讓國民驕傲的還有 Sega 舞，是絕對不能錯過的傳統舞蹈表演，色彩鮮豔的裙擺揚起的是模國人的熱情，希望模里西斯的文化能繼續珍貴的保存著，並像顆珍珠般發亮。

CHATPER.2

ASIA

51°32′E

UTC+3
DOH

Qatar
卡達

人生的事總是那樣捉摸不定，就像從來也沒想過我會在亞洲的
左邊開始一段冒險生活，甚至變成我另一個家。

黑與白是他們分辨性別最簡單的方式，走進一片土黃的阿拉伯
式建築，在這裡發生的故事卻不只一千零一夜，永遠都記得剛
到這個城市與我的陌生，新鮮的一切讓人目眩神迷，但過客跟
過生活畢竟不同，從一開始睡不著覺，到一天五次的叫禱廣播
都能變成安眠曲，大概就是一項與宗教磨合後的小成就。耐心

UTC +10	UTC +11	UTC +12\-12	UTC -11	UTC -10	UTC -9	UTC -8	UTC -7	UTC -6	UTC -5

　　大概是需要具備在此地生活的特質，當地人的慵懶出於傲嬌，氣宇非凡有時卻又令人無可奈何，身為阿拉寵愛的臣民們，似乎不見珍惜及滿足的情緒，到處都是富麗堂皇的建築物，自然資源彷彿取之不盡，浪費被認為是一種尊榮的任性，偶然看見播送舊時卡達人艱苦生活的影片，對應周遭所聞甚是諷刺，有幸見證因時代變遷而被消磨的生活態度，也值得在心頭上記錄，追根究柢是物質的豐厚抹去了感恩的心。

　　放眼望去，盡是來自世界各國的淘金客，面對多重文化的衝擊，容易眼花撩亂而失去了自我，因為什麼決定而失去人生中的什麼，或許是開始一場新生活可能付出的代價，經過痛苦洗鍊後，才知道真正的獨立原來不只是單純的生活自理，更重要的是如何保持人生準則不輕易受影響，明白了有些發生的必然是人生經歷的一部分，學習與過去的斑駁相處，彷彿一種重生，在世界另一邊的停留寫下了未知的序筆，把它當作一種再定義及琢磨價值觀的過程。

UTC +10	UTC +11	UTC +12\-12	UTC -11	UTC -10	UTC -9	UTC -8	UTC -7	UTC -6	UTC -5

一路上同手同腳的同伴們，我們曾一起瘋狂、一起傷心到一起
安定，時間雖不及老朋友的久，在他鄉的孤立無援反讓心繫得
越緊，開心時一同慶祝，傷心時互相療傷，偏差時糾正對方，
我們絕對不僅止於朋友而是家人，不到五年的時間，轉變為人
生的關鍵，光景大不相同，若說什麼是最不捨的，不是怎樣光
鮮亮麗的工作或薪資條件，而是那些我們一起成熟的日子。

| | UTC +10 | UTC +11 | UTC +12\-12 | UTC -11 | UTC -10 | UTC -9 | UTC -8 | UTC -7 | UTC -6 | UTC -5 | |

　「成為你想成為的人」是一個簡單的期許，正在實踐路上或已
經實現目標的人們才能體會個中滋味吧！撞得頭破血流傷痕累
累才是最美麗的證明，每個人都有勇氣為自己作決定，擦掉那
層猶豫的灰，回應明亮的初心，每一個選擇都是一條未知的
路，偶爾需要停留，偶爾需要迷失，回望所經之道，花盛草豐
莞爾一笑，步子踏著堅定且真實。

UTC +10	UTC +11	UTC +12\-12	UTC -11	UTC -10	UTC -9	UTC -8	UTC -7	UTC -6	UTC -5

早上 5 點開始車水馬龍的街道,一車一車載著準備到四處建築
工地上班的工人們,還有同樣坐在另一車內的我,跟著每天任
何時刻的航班起飛時間表搖搖晃晃著。我們並無不同,都是到
卡達找尋未來,無論背後的原因如何,那一定是個強大到能讓
人選擇離鄉背井的理由,對於很多人來說,這裡是比「家」更
安穩的生活狀態。

卡達,一個只有的台灣 1/3 大的國土面積,
卻是現今世上最富有的國家,甚至積極在國
際上爭取露臉的機會,首都杜哈不甘於總
是被阿拉伯聯合大公國的杜拜鋒芒蓋過,
國內除了有不止一次得到世界第一的卡達
航空,亦爭取到在 2022 年舉辦世界盃足
球賽的機會。但城市發展得太快,許多
基礎建設還來不及滿足前仆後繼的活
動,甚至連鐵路或捷運都沒有,若想
在城市裡移動,搭乘計程車或自駕是
最合理的選擇,但道路的寬度及交通
規劃也遠不足以提供穩定的車流,
塞車,是最稀鬆平常的風景。

Qatar
卡達

卡達是個不接受任何移民的國家，就算在這裡出生（非卡達人血緣），或工作了大半輩子，也絕對沒有取得卡達國籍的可能，為了保持卡達人的純正血統及文化，當地人多半與近親通婚，姓氏也象徵身世，藉由家庭與家庭之間的聯姻，強大家族進而鞏固地位。

而保守的生活方式來自於國家對穆斯林文化的推崇，就算是非本地或非屬該信仰者，也必須遵守當地律法，而境內的伊斯蘭藝術文化館則是世界上擁有最完整伊斯蘭文物的展館之一。有人對這樣的保守，有著與時代脫節的質疑，然而在卡達人心中，這是他們最值得驕傲的一塊。

四、五年的光陰，我看到許多變化，而蓬勃發展的城市，或許下次回來都認不得了吧！有機會可以到這裡感受阿拉伯海灣地區最傳統的文化，同時在快速變遷中留下自己到訪的足跡。

79°51′E

UTC+
5:30
CMB Colombo
可倫坡

今天，搭上專屬自己的交通工具，看想看的風景

想停哪就停，不用跟人商量，獨享跟司機先生談天說地的美好
時光，其實拜訪可倫坡市區也不是第一次了，看看之前走過的
地方，兩年後是否有所改變，午後的雨洗掉塵封已久的回憶，
而淺淺的夜亮起了城市不同的風貌。

Colombo
可倫坡

佛陀平靜地坐在雨後的 Beira Lake，莊嚴的氣氛讓腳步
輕了起來，感官也異常敏銳，撲鼻而來的竟是惡臭，
飄在綠色湖面上的是許多翻肚的魚，禿鷹跟水鳥正好
可飽餐一頓；感到不捨的是工廠排放廢水讓生物都無
法生存了，低垂佛陀的眼跟我憐憫的心，無聲地為殘
缺的美而嘆息。

UTC
−2

UTC
−1

UTC
+0

UTC
+1

UTC
+2

UTC
+3

UTC
+4

UTC
+5

UTC
+6

UTC
+7

　　岸邊小販們在五顏六色的鎂光燈下特別積極表現，每一個翻滾
的浪都帶著情緒，是憤怒是感性是想念是遺憾，或許是眼裡充
滿了這些提醒著過去，用力試著擱淺的波瀾，總是毫不留情地
被帶走，時間公平且悄悄地陪伴著一切，直到旁人火柴棒刷一
聲點著菸，我的冥想才漸漸消失。

UTC +10	UTC +11	UTC +12\-12	UTC -11	UTC -10	UTC -9	UTC -8	UTC -7	UTC -6	UTC -5

像風一樣的自由，我們決定走條鄉間小路，繞過基督教村落聚
集地，夜晚的人們顯得匆忙且熱鬧，打開窗戶聞聞這悶熱卻充
滿人情的味道，發現當地人的生活很簡單也隨遇而安，用當地
人的視角接觸這城市獨特的一面。

UTC −2	UTC −1	UTC +0	UTC +1	UTC +2	UTC +3	UTC +4	UTC +5	UTC +6	UTC +7

UTC +10	UTC +11	UTC +12\−12	UTC −11	UTC −10	UTC −9	UTC −8	UTC −7	UTC −6	UTC −5

一條河，一些樹，就成了一個居所，靠水生活的人家，安靜也安分地過著，牽著腳踏車過那條通往市區的橋，我知道你們多辛苦地工作，而我走向橋的另一端，跟婆婆一起分享樹上的果實，每個腳步聲就這樣自然地融入，一聲早安一個微笑，我就是個尋常的存在，喜歡斯里蘭卡人的生活，愜意地過了很美麗的上午。

我從來就喜歡山邊多過於海邊，有點粗魯有點雜亂，恣意停泊的船居然讓人駐足在礁石上也不覺得煩躁，或許像自己的內心，有時候總不知道該往哪裡去，接受自己的不美好，愛自己吧！是一種很不容易的心情轉變，在那一刻海的開闊包容了一切，伸出手擁抱那不加修飾的樣貌，然後有一天，發現有一個人也伸出他的拉著我的手，像夢一樣不容易相信，我居然在可倫坡的海找到那個原本的自己。

風景，不只是風景，是一種帶領人找到方向的解藥。

對於斯里蘭卡,包括自己在內,之前對這個國家有一些很錯誤
的了解,與印度有地理位置的相鄰關係,總是讓人認為兩者相
似的錯覺,但在兩地工作及相處之後,我保證沒有一個人會分
不清楚誰來自斯里蘭卡,而誰又是印度人,或許就是南亞版台
灣與中國的微妙差別吧!

可倫坡是境內最大的商業城市，名氣大過正宮斯里賈亞瓦德納普拉科特好幾倍，因為兩地近在咫尺，繁榮的可倫坡市有如寵冠後宮的貴妃，甚至被世人當成了首都。大城市中總充滿了許許多多的小故事，司機兼導遊說著過一陣子就要到科威特工作了，因為他的孩子們過幾年就到了上小學的年紀，希望給他們受好一些的教育。

在斯里蘭卡從小學到高中都是由政府所補助的，過於競爭的結果造成一股花錢進名校的歪風，功利主義的現象完全不亞於台灣，若只接受名次較一般的學校教育，多淪為藍領勞工，而司機大哥一個月的薪資卻僅是學費的五分之一，出走他鄉，是最有效也最無奈的解決辦法。

每個遠離家鄉的理由都不一樣，而為了體驗人生這樣單純理由而走的那群，其實是很幸福的，所以更要感恩自己擁有的一切，看的越多，越懂得沒有任何一件是理所當然的道理。

85°20′E

UTC+5:45

KTM Kathmandu
加德滿都

UTC +10	UTC +11	UTC +12\−12	UTC −11	UTC −10	UTC −9	UTC −8	UTC −7	UTC −6	UTC −5

世界上有些地方，是一生一定要去一次的；那還有多少，只去
一次是不夠的？

那天帶著兩年後的自己回到加德滿都，肩上背的是累積，一景
一物的變化映入眼簾，此時有兩個我，一個站在現實這端看著
兩年前的那一個演著回憶！不需要彩排或劇本，走位時而重複
時而交錯，是什麼在影片上畫了那條分隔線，色彩的落差形成
今昔對比，明確地檢視所想的、所感受的體悟變化。

在偉大佛陀的智慧之眼前，剩下的只有謙卑跟誠實，所有的不安、渴望及謊言，都瞬間現形，焚香裊裊是一種祈求救贖，回到孩子般的純真，凝視最忠於內心的片刻，品嘗時間乘上經歷的化學變化，消化為成長的養分，體現在小彌勒般的笑容裡。

尼泊爾人堅信生老病死是一種最自然的循環，我目睹了從亡者至河邊進行淨身的動作，到搬運到顯示身分尊貴與否的四方爐上，慢慢將遺體燒至殆盡；岩壁上的格子裡，是住著等待死亡的病患或老人，每一次觀看處理亡者過程，默默演練著自己那

即將到來的時刻。一長排的小寺廟，供奉著掌管出生的神靈，
用新生的喜悅重複不斷地取代因為生命殞落的悲哀。

寫滿了經文的滾輪，每繞一圈就被神祝福一遍，不停地不停地
轉動著，是人們對未來的期待，是從未間斷的正向生活態度，
除了祈禱，更身體力行地認真工作，在汗如雨下的氣味裡，竟
聞到陣陣希望的味道，我繼續將經輪轉起，誠心祈禱一切都會
越來越好。

UTC +10	UTC +11	UTC +12\−12	UTC −11	UTC −10	UTC −9	UTC −8	UTC −7	UTC −6	UTC −5	U

TC
-3

UTC
−2

UTC
−1

UTC
+0

UTC
+1

UTC
+2

UTC
+3

UTC
+4

UTC
+5

UTC
+6

UTC
+7

幸福，要如何量化？當走到那個幸福指數很高的國度時，所見所聞並非原所預期，或許人們很貧窮，甚至沒有平整的路可以行走，但真正的樂天知命，充斥在每一個空氣分子中，原來隨遇而安是一種心境的狀態，幸福，其實不難。

　　加德滿都除了是尼泊爾最大的城市，同時也扮演尼國觀光業大
門的重要角色。跨越了幾乎 2,000 年的光景，城市擁有豐富的歷
史背景，宗教信仰及文化傳統活動扮演著影響當地人生活最主
要的角色，而多元的宗教信仰也為城市增添不同風情。在這樣
的山城裡，最適合的交通工具是機車，被當地人載著到處去看
風景，而這樣的善意全出自於他們好客的心，不收我分毫的錢，
只因他視我為友，永遠都忘不了的是加德滿都人的溫暖及熱情。

Kathmandu
加德滿都

境內多處世界級的文化遺產總讓人流連忘返，加德滿都甚至被譽為「藝術和雕塑的巨大寶庫」，廟宇中蘊含的木雕、石雕、金屬雕刻及紅陶藝術品，全為值得深究的珍品。走在城中的許多角落，常誤以為進入了不同的時空，有種古老迴盪，在內心徘徊不去，舉手投足不自覺地慢了下來，耐心使得人寬容，我想這就是加德滿都人臉上永遠掛著一抹微笑的原因吧！

加德滿都提供許多志工計畫的活動，在給予幫助的同時，與當地人生活在一起，能對尼國的生活態度及人生觀有更深刻的理解，在旅行中安排這樣的志工行程，或許能帶來不同的體驗。

90°23′E

UTC+6
DAC

Dacca

達卡

孟加拉，全世界人口密度最高的地方。

隨處可見的車水馬龍，瀰漫的是人與人交換著的空氣，聞到汗
水與排氣管混合的氣味；我坐上最傳統的人力三輪車，開始了
色香味俱全的旅程。

沒有清爽乾淨，更別說華麗的風景，那高高的紀念碑下簇擁著

UTC +10	UTC +11	UTC +12\-12	UTC -11	UTC -10	UTC -9	UTC -8	UTC -7	UTC -6	UTC -5

滿滿的人頭，或許牽著手一起迎向期望的未來，每個堅忍的身
軀正真真切切地實踐著。一間小廟的河邊，用同一條水洗澡洗
衣服，物盡其用地生活，這讓我想起了小時候媽媽總是告訴
我，水跟瓦斯都需要錢，在經濟不是很充裕的家庭長大，常常
在冬天還是要在十分鐘洗完戰鬥澡，現在有能力到世界各處遊
覽，心理卻感恩那時候，原來還有乾淨及熱呼呼的熱水可以洗
澡是這樣幸福的事，從前的抱怨跟不滿，瞬時一掃而空。

還記得到紐西蘭旅遊時，當地的牧農們都擁有一塊塊又油又綠
的草原讓牛羊自在地享用；而在達卡，當地人卻只能用路邊僅
存的小小草地，帶著他們僅存的財產到處流浪，眼裡看來或許
新奇有趣，但那卻是他們每日生活的一部分。

窗邊的孩子們似乎正在為什麼事情而興奮地討論著，大概是發
現了我那隻拿著相機的手，鏡頭與眼神意外交會，沒想到自己
也能成為值得被記錄的一件事！那種無憂無慮的精神狀態，似
乎眉宇之間都顯得喜悅，不用擔心未來要作什麼，等下要吃什
麼當晚餐，只要當下是開心的，應該夠了！

| UTC −3 | UTC −2 | UTC −1 | UTC +0 | UTC +1 | UTC +2 | UTC +3 | UTC +4 | UTC +5 | UTC +6 | UTC +7 | U |

UTC +10	UTC +11	UTC +12\−12	UTC −11	UTC −10	UTC −9	UTC −8	UTC −7	UTC −6	UTC −5

這麼搖搖晃晃、走走停停約莫三小時，才到了堡壘，城牆大又廣，卻鮮少觀光客，反而淪為當地人約會的場所，像粉紅色主題一樣充滿了曖昧，這華美的建築困惑著我，城牆外隔著一條路的房子鋼筋外露，甚至沒有任何顏色，實難讓人放鬆去享受這堡壘內的景物，因為我知道踏出堡壘的那一步，就立刻回到達卡人的現實生活狀態裡……。

看著路上的一切並思考著這趟旅程的意義是什麼？感恩，不是
嘴上說說，或制式化的祈禱或膜拜而已，當親身感受那緊迫的
空氣及汗流浹背的一天，我明白自己擁有了多少，曾經的我只
看見缺乏的一塊而不滿足，其實不知道那對我們來說視為理所
當然的小事，是孟加拉人或許這麼奮鬥一輩子都無法擁有的，
但他們仍然這樣地為期望的未來而努力。而發自內心的感恩，
讓人再沒有理由跟藉口不為了夢想而前進，這趟旅程是義無反
顧的精神。

C	UTC −2	UTC −1	UTC +0	UTC +1	UTC +2	UTC +3	UTC +4	UTC +5	UTC +6	UTC +7

孟加拉的九成人口為回教徒，更是世界第四大的回教族群，而
首都達卡更在印度半島區域被稱為「清真寺之城」，境內有超
過 700 座清真寺，其中許多甚至是超過百年的建築物。

17 世紀達卡作為絲綢及紗線貿易的重要轉運中心，造就了龐大
紡織代工產業的現況，許多知名成衣品牌的工廠都座落於此，
而到達卡必做的 shopping 行程不是到百貨購物中心，而是到各
處的成衣次級品集散地東挑西撿，所有看到的物件都是標價的
1 ～ 3 折左右，這裡還興起一種專帶買家穿梭巷弄中找尋適合物
件的職業，只要一抵達市集，他們就站在那裡迎接你，只需要

選擇欲買的項目,他們會像小祕書般幫忙計價及提取,選購結束後再一併付款即可,當然殺價是少不了的戲碼,所以來此處的常客幾乎都有「御用」的 shopping 小助理。

另外值得被關注的狀況則是環境汙染,充斥著太多的成衣工廠,未經處理的廢水廢氣嚴重對環境造成影響,而便宜的人力資源造成多數工安細節被忽略,成千上萬人死於大爆炸中,為求發展快速的社會,付出了慘痛的代價。所以我們需要思考的是,如何從一個消費端作起,不再讓價錢變成殺人的武器,給代工方多一點善待勞工的籌碼。

96°09′E

UTC+
6:30
RGN Yangon
仰光

| | UTC +10 | UTC +11 | UTC +12\-12 | UTC -11 | UTC -10 | UTC -9 | UTC -8 | UTC -7 | UTC -6 | UTC -5 | U |

在很多國外的書中，都有提到作者到過緬甸的足跡，我開始
想像，那些文字的描述是否意味著這地方非常適合故事的延
續跟發展，而複雜的歷史背景更豐富了年代的鋪陳，即便有
很多華人在那裡做生意，但始終還是要用自己的視角，來記
錄這個地方。

　　熙來攘往的大金寺，當所有人眼光都被熾熱的燭光，與金光閃
閃的寺廟建築吸引，有一群孩子們，笑得天真無邪，快樂本來
就不需要理由。嘴上唸唸有詞，雙膝跪地，經文反覆播送，光
著腳是對佛陀的尊敬，每一步都走上心的清靜，許多煩惱跟糾
結似乎都能看到解答，回到內心的無聲狀態，不安也顯得微不
足道。很多人不知道的是，大金寺的塔頂有一塊七彩寶石，在
四面八方的某一處，有一個角落可以看到顏色的變化，而且是
每往前一步都可以看到不同的顏色，一位僧侶説，那是有緣人
才能遇見的，慶幸自己能親眼見證這具有智慧又高貴的設計。

| | UTC +10 | UTC +11 | UTC +12\-12 | UTC -11 | UTC -10 | UTC -9 | UTC -8 | UTC -7 | UTC -6 | UTC -5 | U |

Yangon
仰光

Bago 是緬甸唯一開放參觀僧侶吃飯情形的寺廟，在寺廟學習
及修行，幾乎是每個男子成長的必經過程，他們從早上 5 點用
過早飯後，開始誦經冥想及打坐，中午必須在 12 點前用完一
日中的最後一餐，然後開始出門化緣布施的功課！對緬甸人而
言，經歷身體上的折磨能化為一種面對人生逆境的堅毅態度。

黃金市場的色彩繽紛,斑爛的專注眼神,交織成一張張生動的畫面。將相機聚焦到一群孩子的生活,共同的媽媽是一位教會的姊妹,他們不是孤兒,是被遺忘的天使,我心疼,更希望自己有更多的愛可以給予,那天我們一起吃飯、一起唱歌跳舞、一起學習英文,我說:「我好愛你們,要你們知道自己是值得被愛的。」在每一個擁抱裡,學會包容跟體諒,更體會施比受更有福的真諦,感恩每一個人生的際遇。

Yangon 167

UTC −3	UTC −2	UTC −1	UTC +0	UTC +1	UTC +2	UTC +3	UTC +4	UTC +5	UTC +6	UTC +7

| UTC +10 | UTC +11 | UTC +12\-12 | UTC −11 | UTC −10 | UTC −9 | UTC −8 | UTC −7 | UTC −6 | UTC −5 | U |

或許我錯過了緬甸的山水，但緬甸人的善良是內在，不是導遊嘴上說說就看得到，雖然親自到訪後，讀過的故事只存在自己的想像裡，但一樣的是在某一段停留裡，都留下值得記錄的回憶。

2014 年的最後一天，我與仰光市內兩處孤兒院的孩子們在一起，
他們的笑如此燦爛，讓人差點忘了還有好多需要被解決的問題。

緬甸於 2010 年正式實施憲政，或許還在適應來自四面八方的衝
擊。境內 80% 的人口為佛教徒，各處林立的寺廟不僅是和尚修
行的地方，還被視為基本教育及收容孤兒的場所，對於剛開放
的國家來說，面對不熟悉宗教類別的管理及協助都還在摸索的
階段。沒有預警地從探訪的孤兒院中得知了這樣的事實，有點

震驚有點心疼，畢竟無家可歸的孩子們是無辜的，不該因信仰而有所區別，而被剝奪了受幫助的權利。

緬甸人用香皮樹和水把臉上塗地圓圓綠綠，女子當作美白面膜，男子拿來保持身體清涼及除臭，保有傳統的生活方式，這樣簡單的純樸令人著迷，而國家野心勃勃發展的同時，是否能化保守為平衡的砝碼，包容不同的聲音，帶領緬甸走向更好的未來，是眾所期待的。

98°24′E

UTC+7

HKT

Phuket Island

普吉島

海島型城市總有種令人著迷的魔力，或許是浪的變化多端、波
的色彩渲染及無垠無盡的寬容長灘，從容地彷彿那片跟著潮進
潮退的沙灘，隨遇而安。然而，當簡單的美好已不足以讓人驚
嘆，我們用人定勝天的決心，不斷挑戰極限，超越一切可能，
於是人類開始像鳥兒般飛翔，與魚兒同游大海，然後猛獸也能
被人類社會化，乖乖地待在籠子裡進行一場又一場的表演。我
想這就是人性吧，總會為新的創舉跟超出常態的行為感到新
奇，包含自己在內，似乎抵擋不了想要與眾不同的誘惑，為此
常感到懊惱，彼時臉上的笑容突然顯得殘忍了。

UTC +10	UTC +11	UTC +12\-12	UTC -11	UTC -10	UTC -9	UTC -8	UTC -7	UTC -6	UTC -5	UTC -4

Phuket Island
普吉島

很多是非對錯並沒有絕對的準則，在各種角度下的解釋或許都能成立，在慾望及良心之間大概是最難的選擇題，而在不同答案紙上看到了不同的立場跟個性，那就是這世界美好的地方。騎著腳踏車戴著背包是我很喜歡的一種旅行方式。不慢，每踩一步輪子就用乘以二的速度快轉景色；不快，只要右手握緊雙腳放下就能停在想置身其中的哪個場景。

思緒像樹枝糾結時，就奔向大海吧！讓複雜的自己暫時被海浪
帶走，剩下放空的腦袋擱淺，直到海風將夜色吹來，並在溫和
雙手的推撫及薰衣草油的催化下，進入了夢鄉。人生總是這樣
千變萬化，多少計畫也抓不住它，不如給擔心放一個假，讓幻
想跟著你旅行，有什麼事明天再説。

◐	◐	●	◑	◑	◗	◗	◖	◖	◑	
UTC +10	UTC +11	UTC +12\-12	UTC -11	UTC -10	UTC -9	UTC -8	UTC -7	UTC -6	UTC -5	UT -4

有關普吉島的資訊實在多到數不清，這裡也成為亞洲最熱門的
旅遊景點之一。浪漫的、放鬆的、瘋狂的、人文的應有盡有，
在這個泰國最大的島嶼裡，沒有什麼是你找不到或做不到的。

如果喜歡陽光與海，這裡有 36 個海灘可以一次讓你玩個夠，如
果想要來場文青的小旅行，就到古城區的中葡建築走走吧，想

有一輩子一次的浪漫，更有許多專門策劃奢華海島婚禮的度假村，普吉島的夜生活極為多采多姿，可別開心到忘了回家的路。

機車若在島上的鄉間小路沒了汽油，千萬別慌張，路邊一瓶瓶的不是飲料，而是滿滿的汽油，這是普吉島最便捷的行動加油站，下次不妨深入郊區感受一下。

120°58′E

UTC+8
MNL

Manila
馬尼拉

UTC −10	UTC −9	UTC −8	UTC −7	UTC −6	UTC −5	UTC −4	UTC −3	UTC −2	UTC −1

Manila
馬尼拉

那是一個太難忘的夏天，168 個小時的菲律賓志工活動，影響卻很巨大，宛如進行了一場心理治療，漸漸癒合了藏在心裡很久的黑洞。

現在的我穿梭於夢想的雲朵間，因為我們一起在許願卡上寫下未來的期待，從來不曾拋棄跟你們打勾勾的約定，所以一年後從馬尼拉市區搭了兩個小時大巴到公車站，換吉普車一個小時後的三輪機車在夜裡奔馳三十分鐘，終於到達那個屬於我們的村落。鼻子酸不是因為難過，是那張寫著歡迎回家的海報，紅了的眼眶洩了滿臉的感動。

| TC | UTC | UTC | UTC | UTC | UTC | UTC | UTC | UTC | UTC | UTC | U |
| 11 | −10 | −9 | −8 | −7 | −6 | −5 | −4 | −3 | −2 | −1 | |

C 1	UTC +2	UTC +3	UTC +4	UTC +5	UTC +6	UTC +7	UTC +8	UTC +9	UTC +10	UTC +11	UTC +1

　有一種熟悉感彷彿不曾離開，那間我站不直矮矮的閣樓，是我
跟 Andrea 及 John 的房間，天花板上掛著的衣服晃著催眠的頻
率，我們就這樣沉沉地睡去。來往的摩托車、村落裡此起彼落
叫賣的小販，還有孩子們打鬧嬉戲成了最響亮的鬧鈴，每天
能這樣醒來好不幸福，一早，家門口就圍繞著村落大大小小的
人，他們壓根不相信我真的隻身回到村里，被那樣興高采烈地
歡迎著，又是一陣情緒湧上心頭，只是一個曾陪伴他們一個禮
拜的訪客，卻被那樣真心的視如己出，正因為單純又直接的舉
動，明白自己對這世界感恩得還不夠。

走在那條熟悉的小道，去年我們還沒蓋完的房子，現在已經住進了一個個家庭，和著水泥與汗水，堆砌著圓滿與幸福是時間的魔法，總看不膩那目不暇給的變化，一草一木的消長成了一張張幻燈片，閉上雙眼跟著回憶繼續串下不止息的人生劇碼，綻開臉上的微笑是接受也是感謝，不管有過什麼起落，都造就現在的自己，真正地擁抱不完美的獨特。

最有福分的事即是給予，在過程中重新學習謙卑進而獲得更多生命能量，珍惜每一刻的痛與美好，走上心的旅行，成就更好的自己。

UTC −11	UTC −10	UTC −9	UTC −8	UTC −7	UTC −6	UTC −5	UTC −4	UTC −3	UTC −2	UTC −1

2011 年夏天，參加了 VESTA 夢想起菲的志工活動，短短一個禮拜裡，得到的比付出還多。

VESTA 夢想起菲隸屬於趨勢基金會，是跟菲律賓當地最大的 GK 國際慈善機構結合的暑期志工組織，用意在希望給年輕人一種不同於以往的假期體驗，藉由幫助他人，給予陪伴，找回那個原本善良且感恩的心。

Caloocan 是離馬尼拉市 3 小時車程的小村落，每個村落間都有各自的保護機制，所以到那裡擔任志工者必須待在指派的村落裡，

因為持著長槍保護村落的人或許會攻擊他們不熟悉的面孔。自己非常喜歡 VESTA 的服務核心，不使用金錢給予幫助，反而透過陪伴他們的日常生活及重建村落裡被颱風摧毀的房子，讓他們了解，就算經濟狀況或環境未能盡如人願，也不應該放棄夢想，而我們給愛的同時也給他們希望。

其實日子要過下去沒有那麼困難，或許是我們把日子過得困難，跟他們每天唱歌跳舞，一起讀書，把腳插在泥濘的土裡跟大家一起用晚餐，都是一種恩賜，開心或快樂，從來就不是物質能給的，而是能不能有顆知足的心。

每當我沮喪或難過，甚至想開口抱怨時，我總是想起村落裡那些在烈日下的微笑，知足及感恩並不是有理由不努力，而是珍惜自己擁有的，並不浪費這些所有，轉換成正面積極的力量。學習及體悟是人生永遠的課題，如果對人生總是抱怨及不滿意，置身另一個角落，用不同的視角看世界，我相信你會找到每天微笑的理由。

CHATPER.3

AUSTRALIA

MEL　墨爾本

144°58′E

UTC+11
MEL

Melbourne

墨爾本

　　若知道目的地是墨爾本，眉頭就不經意皺了起來，不到 22 小
時的停留大概就是睡睡吃吃，長途飛行後總是讓人精疲力盡，
很難擠出慢慢品味這城市的氣力。

緣分是一種無法解釋的現象，神祕地在不同生命流中製造相同
時空，不得不跟那個人說上幾句話、共處一段時光或是分享著
同樣經驗，然而幾個重要的交錯往往成為影響人生的逗點，承
先啟後地扮演著未完待續的角色。

	UTC −10	UTC −9	UTC −8	UTC −7	UTC −6	UTC −5	UTC −4	UTC −3	UTC −2	UTC −1	

UTC 1	UTC +2	UTC +3	UTC +4	UTC +5	UTC +6	UTC +7	UTC +8	UTC +9	UTC +10	UTC +11	UTC +12

TC	UTC −10	UTC −9	UTC −8	UTC −7	UTC −6	UTC −5	UTC −4	UTC −3	UTC −2	UTC −1	U

Melbourne
墨爾本

曾經我們同一時間起床吃同一鍋飯穿同一件制服，目標一致要通過國家考試變成人民保母，下單位服務四年後毅然離開警界飛向嚮往的天空，面對那些流言蜚語意見批評，走在這條鮮少人煙的路上著實令人恐懼，而帶給我勇氣的則是不容忽視的渴望。「開經闢道總是艱難的。」還記得學妹這樣跟我說，從不覺得自己有多了不起，自己的人生自己過，如果錯誤是必定的存在，那我也寧願承擔，正因為決定是出於「自己」，不為任何人。而在學校畢業六年以後，在墨爾本見到打工度假的學妹，內心不僅暖暖的，因為追夢的路上再也不孤單。

曾經一位旅伴最喜歡的城市是墨爾本，當然內心充滿疑問，聽
他說著很多在那邊看過的風景，海邊彩虹小屋跟市中心廣場的
街頭表演，陌生的好像自己從來沒到這城市過，更有趣的是，
這位旅伴變成我人生中的伴。我在一次的到訪起了大早去海邊
找彩虹，想像他是用如何的眼光看著這樣的風景，當時寂寞的
心奢望著一天能找到人生摯愛並分享這美好的一切，而這樣的
命中注定是我們怎樣也躲不掉的際遇。

喜歡是一種記憶一種氛圍，不需要什麼理由，這些重要的人與
這座城市是我生命中的巧合，無論我如何冷眼看待，墨爾本大
大的擁抱總讓人不禁微笑。

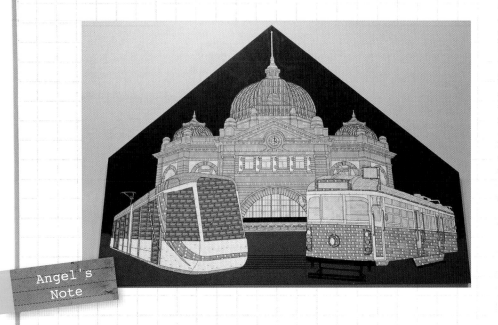

我稱不上是咖啡愛好者，更沒有品嘗咖啡的專業能力，攝取咖啡因當作增添工作精神的燃料，而「手拿一杯咖啡」或「帶著筆電坐在咖啡廳」漸漸成了另類的都會時尚。

然而墨爾本有著截然不同的咖啡文化，幾乎所有咖啡廳都不提供無線網路，與工作背道而馳的意念—是面對面的溫度、此起彼落的對話，以及正視每一沖濃縮咖啡的酸苦甘甜。Flat White 是澳洲最具特色的咖啡飲品，有著比傳統拿鐵更濃重的咖啡香氣，雖然少了卡布奇諾上甜甜的可可粉，卻能單純地享受牛奶與咖啡的完美結合。

喜歡墨爾本的理由有很多種，大量的華人群聚總讓人忘了自己身處異國，熟悉的親切感每每在旅行的地圖中增添許多流連忘返的足跡，而有些人是迷戀於這城市獨有的咖啡香，飄散在墨爾本大街小巷裡對生活的熱情。咖啡從來就不只是糖與奶的比例，而是人與人間最原本的那份美好連結。

INTERLUDE

FAMILY
VACATION

葡萄牙　里斯本

葡萄牙　波爾圖

西班牙　馬德里

土耳其　伊斯坦堡

EPISODE

每個喜歡旅遊的理由都不一樣，都值得被不同形式記
錄及留下，後來發現其實也不一定要有什麼深刻的心
得，只要當下是快樂的，就足夠了。

一個人的旅行是很自我的，迷路或錯過公車還有很多
的插曲，都能視為一種驚喜一種收穫，期待意外跟未
知變得特別令人興奮。當帶上家人的期待旅行時，插

Portugal
Spain
Turkey

曲變得一點也不有趣，不順利或不愉快都是很常見的
埋怨。因為對目的地的想像不同，作為一位稱職的
「導遊」，滿足家族每一位成員的需求絕對是行前一
定要準備的功課，我常常對這樣的挑戰樂此不疲，
每一次都離台灣越來越遠，然後帶著全家跨越了整個
亞洲，也因此在葡萄牙、西班牙跟土耳其精神緊繃了
11 天。

9°08′W

UTC+1
#01

Lisbon, Portugal
里斯本・葡萄牙

「福爾摩沙」是葡萄牙人到訪後留下最美麗的紀念品，也是每個台灣人心中的驕傲，因為熱騰騰的鬥志，我帶著全家人闖進從來沒去過的地方。

首都的里斯本，沒有一般國家都市的矯情，到機場來接我們的司機大哥跟民宿主人，都好熱心好親切，特地帶我們到附近的超市繞一圈，就是希望我們接下來的停留能夠多一點舒適。搭公車到市中心的路上，因下雨而濕答答的心情一開始就狠狠地被溫暖了，眼睛不方便的弟弟一上車，連老太太都想讓座，就算一句葡萄牙語也聽不懂的我們，也能輕易感受到當地人的謙和有禮。

UTC 3 | UTC -2 | UTC -1 | UTC +0 | UTC +1 | UTC +2 | UTC +3 | UTC +4 | UTC +5 | UTC +6 | UTC +7

| | UTC +10 | UTC +11 | UTC +12\-12 | UTC -11 | UTC -10 | UTC -9 | UTC -8 | UTC -7 | UTC -6 | UTC -5 | |

里斯本是座山城，路面維
持著古老的方磚形式，連
結著建築物之間的電車線，
網住了這城市的顏色，穿
梭在起起伏伏的大街小巷，
電車輪子與軌道摩擦的聲
音令人著迷，簡單而優雅。
二月底陰晴不定的天氣特
別折磨人，風一把雲吹過
來就蓋住太陽，花得最多
的是躲雨的時間，多人出
遊竟然緩解了傘下的狼狽，
一家人談天說地，也不至
於過度悲慘。

UTC −11	UTC −10	UTC −9	UTC −8	UTC −7	UTC −6	UTC −5	UTC −4	UTC −3	UTC −2	UTC −1	UTC +0

不知道是不是天使隨行，每次要拍照就有好天氣，弟弟進城
堡的門票還給了半價，一般歐洲多半不承認外籍殘疾人士的
證明優惠，這裡的善良實在讓人印象深刻。到國外總是擔心
父母吃得不習慣，沒想到意外發現的貝倫區餐館，居然是當
地人的最愛，小小的空間擠了滿滿的人，我們是店裡唯一的
亞洲人，得到許多好奇的眼光，看到家人們吃得津津有味，
著實寬心不少；不喜歡吃甜食的我們，也被這 1837 年創立的
蛋塔店給征服了呢！

UTC	UTC +10	UTC +11	UTC +12\−12	UTC −11	UTC −10	UTC −9	UTC −8	UTC −7	UTC −6	UTC −5	UT

大航海紀念碑，面著大海，人們曾經這樣乘風破浪著，到處發現新大陸，不禁好奇當時台灣是怎樣的美麗，才能讓看過多少陸地的葡萄牙人忍不住喊出「福爾摩沙」，潮進潮退，帶走了新一代葡萄牙人對台灣的記憶，而新一代的台灣人又如何能重拾世界對我們的美好印象，帶著寵愛之名回到這裡，該學會的是謙卑。

UTC
-3

UTC
-2

UTC
-1

UTC
+0

UTC
+1

UTC
+2

UTC
+3

UTC
+4

UTC
+5

UTC
+6

UTC
+7

°C	UTC +10	UTC +11	UTC +12\−12	UTC −11	UTC −10	UTC −9	UTC −8	UTC −7	UTC −6	UTC −5	UT

AO INFANTE D.HENRIQVE E AOS
PORTVGVESES QVE DESCOBRIRAM
OS CAMINHOS DO MAR.

NO V CENTENÁRIO
DO INFANTE D HENRIQVE
1460 - 1960

8°37′W

UTC+1
#02

Porto, Portugal
波爾圖，葡萄牙

波爾圖，是另外一個絕對不能錯過的港口城市，雖然不是首都，但卻比里斯本要來的熱鬧許多，上城區隨便一座建築物至少都有百年歷史，這次入住的民宿從 12 世紀就存在了。葡萄牙人親切的態度如出一轍，主人細心介紹所有室內設施及早準備好作記號的地圖等著，那是一種往心裡去的貼心，葡萄牙美的也不只風景。

　　走下櫛次鱗比的階梯，直接到達杜羅河邊，跟夕陽一塊用餐實在奢華享受，但世上從來就不存在完美，而這樣的旅行也因我跟妹妹的一歐元爭吵，多了難忘的片段，對罵的聲音從河邊延續到巷弄平台，經過的人不停觀望，連鄰居都忍不住探頭，又哭又叫地儼然是一場鄉土劇，還好葡萄牙人沒有愛管閒事的個性，所以戲演演就結束，不至於成了國際新聞的主角。家人間的感情總剪不斷理還亂，一進一退間都是學問，只要彼此有愛，沒有什麼解決不了的。

UTC +10	UTC +11	UTC +12\-12	UTC -11	UTC -10	UTC -9	UTC -8	UTC -7	UTC -6	UTC -5

無論換幾次路線，總是能回到杜羅河邊，這裡的一切都很聚集，即使只停留 40 小時，就有種熟悉的安全感，可能因為身邊圍繞著家人，同時發現自己已不再嚮往到處飄泊的流浪生活，只希望一直待在某處跟自己愛的人在一起，當旅行目的地變成一個個待辦清單，並不再期待其中驚喜時，是生命另一階段的預告。

聖本篤車站的藍瓷磚，連結兩個世紀的故事；萊羅書店的木紋圖騰，激發了最奇幻的想像。屋內有不愉快就打開窗，讓聖彼得橋上的火車帶走吧！波特酒發酵了屬於波爾圖的芬芳，特別的香醇順口。這一切的美好，都值得跟一輩子的愛人們分享。

UTC +10	UTC +11	UTC +12\-12	UTC -11	UTC -10	UTC -9	UTC -8	UTC -7	UTC -6	UTC -5	UT -4

此行停留最短的是我最熟悉的馬德里，這裡是我的衣櫥、廚房跟花園，在這之前，一個人挺享受走在街頭很隨意的感受，不被理會最好，多了不少活在自己世界的空間，想像是模糊斑點最好的美化工具，而第三者的聲音是最誠實的，聽到看到感覺到的醜陋，全都被攤在陽光下，被打臉的瞬間，真是五味雜陳。

國會大廈高高地掛著「歡迎難民」的旗幟，跟身邊時不時出現的乞討者無言地合拍，而隨處可見的垃圾恣意地點綴著景色，

| UTC +10 | UTC +11 | UTC +12\−12 | UTC −11 | UTC −10 | UTC −9 | UTC −8 | UTC −7 | UTC −6 | UTC −5 |

不難理解為何馬德里人民變得冷漠及功利，是環境因素而進行突變的結果，看著自己國家被外人一點一滴占據的無奈，保護自己的本能也不令人意外了。

同樣的城市卻有如此不同的心情，或許一直以來喜歡馬德里的是一個人的我，應該是自由的靈魂不羈。當人生多了承諾與責任，旅行也跨上了另一個層次，敏銳地感受不同面向的視角，環繞著前仆後繼的、無法消化的，過度承載的自信換來失望。無論來不來得及準備，無法避免的必然，是一種試煉，推向自己不得不走上更寬廣的道路，不只行在城市之間，要旅在人生的洪流裡。

太陽下山前依然美麗得刺眼，日復一日地如不許停歇的腳步。

28°57′E

UTC+3

#04

Istanbul, Turkey

伊斯坦堡，土耳其

錯綜複雜、眼花撩亂、瞬息萬變，
說的都是伊斯坦堡，有著清澈的綠
色眼睛、如鷹的挺鼻及不同色調的
髮色，不過調皮跟極至的友善性格
絕對是伊斯坦堡人的共同特徵，人
還沒有坐上飛機，已經收到來自民
宿主人的訊息告知，機場到市區的
交通車已經準備好了，搶一拍的關
心已經讓人又驚又喜。入境處搖曳
的各式接機標誌，第一次感到自己
像個巨星，被引頸期盼著，然後隨
即進入已經備好的賓士車，對於喜
歡親力親為的自助客來說，這簡直
奢華過度，或許在很深的夜裡，分
秒必爭的伊斯坦堡機場外，是逃離
混亂最快的方法。

| UTC +10 | UTC +11 | UTC +12\-12 | UTC -11 | UTC -10 | UTC -9 | UTC -8 | UTC -7 | UTC -6 | UTC -5 | UTC -4 |

◐	◐	●	◕	◕	◔	◔	◑	◑	◗	◗
UTC +10	UTC +11	UTC +12\−12	UTC −11	UTC −10	UTC −9	UTC −8	UTC −7	UTC −6	UTC −5	UTC −4

| UTC −3 | UTC −2 | UTC −1 | UTC +0 | UTC +1 | UTC +2 | | UTC +4 | UTC +5 | UTC +6 | UTC +7 |

一個又一個左橫右豎的窄巷，卻阻止不了大車穿梭其中，然後應該永遠都記不住短短 10 分鐘往人民廣場的路，凌晨還燈火通明的街道，是亞洲在歷史渲染後的鐵證，勤奮不息。皇宮柱子上的雕刻離不開歐洲文化的風格，高貴典雅，最具代表性的藍色清真寺，因為天空而更加蔚藍，壯觀不是因為建築物本身，是穆斯林堅強的信仰。

舊城用彩虹做成一條橋，連結過去與現在，新城用 Grand Bazaar 融合屬於土耳其的東西碰撞，每一樣都好吸引人，千年前就開始的磨練，在大市集滿是出生來做生意的小販，叫賣聲此起彼

落，耳朵才剛要往左，眼睛又告訴大腦往右，這裡就是什麼都
賣什麼都不奇怪的世界匯集中心，身在這樣亂無章法的堆疊，
只有在靜止不動的片刻才能不被熙來攘往淹沒，或許令人愛上
的伊斯坦堡，就是那種稍縱即逝的迷失感。

古城的故事不是幾天幾夜能說完，精彩的旅行再長也有結束的
一天，想留下卻又等不及離開，樹與葉子永遠會在原地進行生
命循環，過客如風般震動每個激動的片刻，而我們都是那顆尋
落腳的塵埃，渴望安定。

11 天的旅程平安地結束了，帶著失明的弟弟遊覽歐洲，
從人本角度觀察著世界，原來「心」的感受可以這麼不
一樣，感恩生命的殘缺是一件困難卻不得不面對的事，

UTC +10	UTC +11	UTC +12\-12	UTC -11	UTC -10	UTC -9	UTC -8	UTC -7	UTC -6	UTC -5	UTC -4

所以家人的感情更堅不可摧，我們一起勇敢、一起處理
荊棘；當羽翼已豐，換我保護家人不受風受雨，飛向更
好的未來。

葡萄牙是歐洲區消費整體較低的地區，這裡絕對是兼顧美景及
預算的首選，然而日趨嚴重的難民問題，卻不是歐洲旅遊新手
可以輕易嘗試的，看緊荷包的功夫得先行磨練。由於地形起伏
的關係，若要帶行動不便者來到此地也要多加考慮，許多古路
又陡又窄並不容易駕馭。

在里斯本購買一日券可以搭乘大部分的交通工具，甚至包含了
市中心看全景的電梯票，只有黃色噹噹車要另外付費。秋冬時
節到葡萄牙旅遊，很常遇到陣雨情形，隨身攜帶雨具是必要的。
入住公寓式的套房可以避免一天三餐都是外食的情形，民宿主

人也相對親切，但夜晚幾次因暖氣使用過度的跳電情形，及洗
澡接力到第三個人就沒熱水的窘境，也是葡萄牙稀鬆平常的事，
因為大多建築物年代久遠，並無設立地暖功能以及即時電熱器
裝置。

到波爾圖別忘了買套橫跨杜羅河酒莊之旅，在纜車上悠悠地欣
賞整座城市的美景，下了車到三個不同的酒莊品嘗最具特色的
波特酒，波特酒屬烈性葡萄酒，酒精成分及甜度較一般葡萄酒
高，適合與起司盤及甜點一同享用，醉人的香氣及順喉的口感，
讓平常不愛飲酒的父母也愛上了這種滋味。

Portugal
葡萄牙

Spain
西班牙

馬德里機場有歐洲相對不友善的服務，一眼望去沒有可供等待
的座位區，就連行李推車都必須付費使用，若要到機場協助中
心休息，還會以沒有事先填寫輪椅服務申請表為由，被狠狠趕
離座位，就算看到我們帶著眼睛不方便的弟弟四處走動，也絲
毫沒有主動提供協助的意圖，這點可能會是破壞所有馬德里美
好印象的關鍵，若有類似的旅伴同行，務必特別注意。

Turkey
土耳其

一到土耳其，不知道是否地處歐亞相交之處的關係，當地人看到我們與弟弟一同出遊滿是關懷與尊重，內心的感受不言可喻，無論到什麼景點，即便當地人聽不懂英文，仍然毫不猶豫地給身障者免費參觀，尤其是在聖索菲亞大教堂時，路上原應該付費的代步車，也主動開到身邊提供搭乘服務，甚至連民宿主人都主動幫我們的房價打了折扣，因為看到我們帶著弟弟走世界令他感動，還說家人這般的感情才更值得珍惜。而被暖到心的是全家人，我們從來沒有想要因為帶著身障者得到怎樣的優惠，不過我始終相信最純淨的關懷及同理心是沒有國界的。

-7 到 +11：追著時差的任意旅行 2
(Africa, Asia & Australia)

作　　　者	周鈺淇
發　行　人	林敬彬
主　　　編	楊安瑜
副　主　編	黃谷光
責　任　編　輯	黃谷光
編　　　輯	黃暐婷
內　頁　設　計	季曉彤（小痕跡設計）
內　頁　編　排	黃谷光
封　面　設　計	季曉彤（小痕跡設計）
編　輯　協　力	陳于雯
出　　　版	大旗出版社
發　　　行	大都會文化事業有限公司
	11051 台北市信義區基隆路一段 432 號 4 樓之 9
	讀者服務專線：（02）27235216
	讀者服務傳真：（02）27235220
	電子郵件信箱：metro@ms21.hinet.net
	網　　　址：www.metrobook.com.tw
郵　政　劃　撥	14050529　大都會文化事業有限公司
出　版　日　期	2017 年 06 月初版一刷
定　　　價	380 元
Ｉ　Ｓ　Ｂ　Ｎ	978-986-93931-7-1
書　　　號	Forth-018

First published in Taiwan in 2017 by Banner Publishing,
a division of Metropolitan Culture Enterprise Co., Ltd.
Copyright © 2017 by Banner Publishing.

4F-9, Double Hero Bldg., 432, Keelung Rd., Sec. 1, Taipei 11051, Taiwan
Tel: +886-2-2723-5216　Fax: +886-2-2723-5220
Web-site: www.metrobook.com.tw
E-mail: metro@ms21.hinet.net

大旗出版
BANNER PUBLISHING
大都會文化

國家圖書館出版品預行編目（CIP）資料

-7 到 +11：追著時差的任意旅行 2（Africa, Asia
& Australia）/ 周鈺淇著 . -- 初版 . -- 臺北
市：大旗出版：大都會文化發行，2017.06
256 面；23x17 公分

ISBN 978-986-93931-7-1（平裝）

1. 遊記 2. 世界地理

719　　　　　　　　　　　　　　　　106005492